MON CAHIER DES 4 SAISONS

DÉCOUVRE LA NATURE AUTOUR DE TOI !

François Lasserre ⋆ Isabelle Simler

colibris faire sa part
Nathan

INTRODUCTION
LA NATURE AU FIL DES SAISONS

Printemps

Été

Automne

OISEAUX

MAMMIFÈRES

AMPHIBIENS

INSECTES

VERS

ARACHNIDES

PLANTES

Hiver

OISEAUX

MAMMIFÈRES

AMPHIBIENS

INSECTES

ARACHNIDES

MOLLUSQUES

PLANTES

LA NATURE AU FIL DES SAISONS

Tu l'as remarqué, la nature change autour de nous, en fonction des saisons.
Tu te demandes peut-être pourquoi ?
Les saisons correspondent à l'inclinaison de notre planète par rapport au Soleil.
La Terre met une année à tourner autour du Soleil, et, en même temps,
elle tourne sur elle-même. Nous habitons dans l'hémisphère nord.

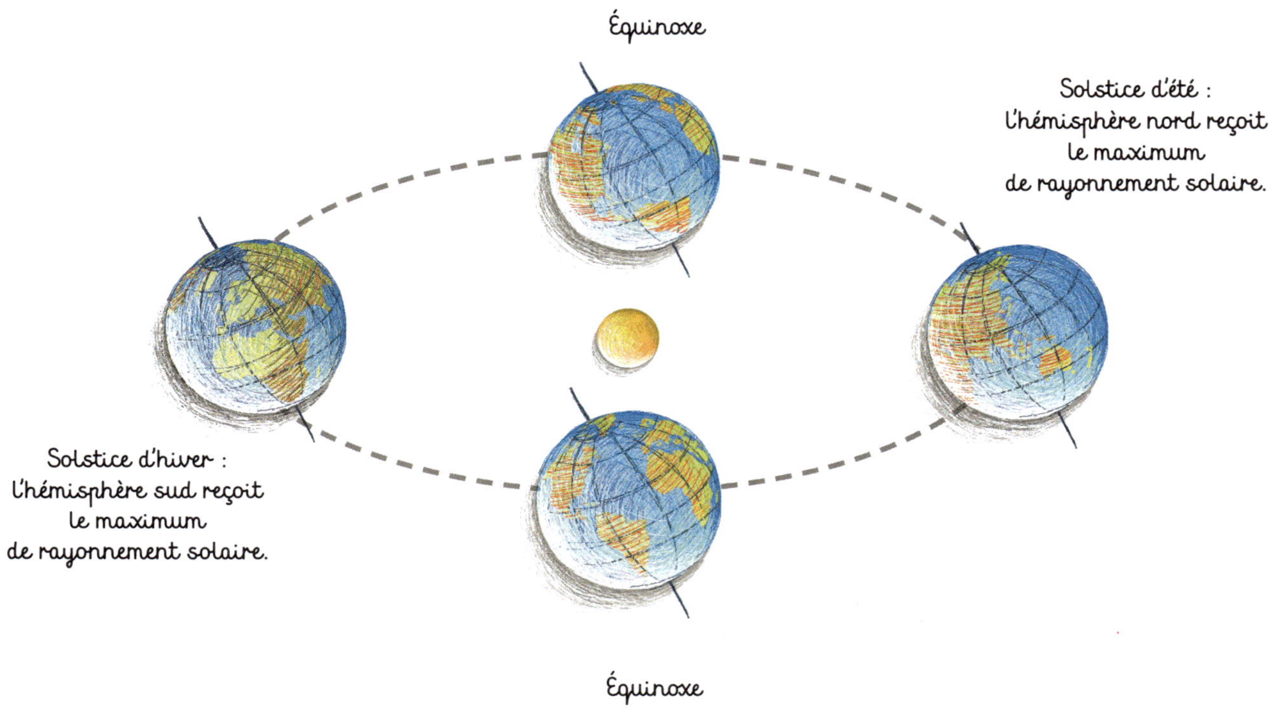

Quand les rayons du Soleil n'arrivent pas juste au-dessus de nous, il fait froid, c'est l'hiver ! En été, c'est le contraire : les rayons du Soleil sont presque au-dessus de nous, tout chauds !
Notre vie est rythmée par les saisons. En hiver, tu ne fais pas les mêmes activités, tu ne t'habilles pas comme en été ou au printemps.
Eh bien, c'est pareil pour les plantes et les animaux ! En fonction des saisons et de leurs capacités d'adaptation, certains sortent ou rentrent, se cachent ou courent, dorment ou tombent amoureux !

En hiver, beaucoup d'oiseaux partent à la recherche de nourriture, jusqu'en Afrique. D'autres restent. Les crapauds et les insectes, eux, se cachent et ne bougent plus pendant des mois.

Le printemps et l'été sont les saisons les plus favorables à tous, il y a de la nourriture pour tout le monde, et la chaleur permet à de nombreux végétaux de grandir.

Et même si à l'automne beaucoup d'animaux partent ou commencent à se cacher, il y a des choses à observer.

Tu l'auras compris, la nature est à découvrir toute l'année... et ce cahier va t'y aider !

Il te propose de partir à la découverte des êtres vivants (arbres, animaux, insectes, fleurs...) en fonction des saisons.

À la fin de ton cahier, tu trouveras des petites cartes à détacher. Range-les dans 4 enveloppes, (1 par saison), et quand tu partiras en promenade, regarde bien autour de toi : tu reconnaîtras sûrement un oiseau, un arbre, un insecte ou une fleur !

LE PRINTEMPS

Les oiseaux

1. Coucou gris

Au début du printemps, lorsqu'il arrive d'Afrique en volant, on le remarque grâce à son chant : « *Cou-cou… cou-cou…* ». S'il ne chante pas, il est très discret. Seuls les observateurs d'oiseaux arrivent à le voir, posé sur une branche ou en vol, grâce à ses rayures blanches sur le ventre. Le coucou est aussi connu parce qu'il ne fait pas de nid, il pond ses œufs dans celui d'autres oiseaux. La femelle coucou y mange d'abord un œuf puis le remplace par le sien. Les autres oiseaux élèvent ensuite le petit coucou comme s'il était à eux! En moyenne, 20 œufs sont pondus dans 20 nids différents.

2. Grèbe huppé

Impossible de confondre cet oiseau avec un autre : sa forme, ses couleurs et son casque de plumes sont uniques. Les grèbes se remarquent très facilement sur l'eau d'un étang ou d'un lac, leurs lieux de vie préférés. Leurs parades amoureuses sont un vrai spectacle, surtout lorsque les grèbes se font face et tournent la tête des deux côtés, comme s'ils disaient « non, non, non »! Ils se frottent aussi le cou et nagent ensemble pendant de longs moments. Leurs petits naissent dans des nids de roseaux placés loin du bord, à l'abri des prédateurs. Les petits sont rayés et s'installent sur le dos de leur mère pour leurs premiers déplacements.

3. Hirondelle des cheminées

À partir du printemps, les hirondelles virevoltent sans cesse dans le ciel. En hiver, elles vivent en Afrique. Après un long voyage, on les aperçoit volant, chassant et mangeant des insectes. Avec leurs deux longues plumes arrière, les mâles séduisent les femelles. Puis ces dernières fabriquent un nid de terre dans lequel elles cachent leurs petits. Leur forme de boomerang, comme une grande virgule noire dans le ciel, ressemble à celle des martinets, mais les hirondelles ont le ventre de couleur clair.

4. Tourterelle turque

Avec son petit collier noir, elle se reconnaît facilement. D'abord parce qu'elle ressemble à son cousin le pigeon, avec un ventre bien bombé. Ensuite, parce qu'elle n'est pas très craintive et s'approche un peu des humains. « *Kou-kou… kou* » son chant ressemble un peu à celui des pigeons. On l'entend au printemps, dans de nombreux pays, car ces tourterelles se sont installées un peu partout dans le monde.

1

2

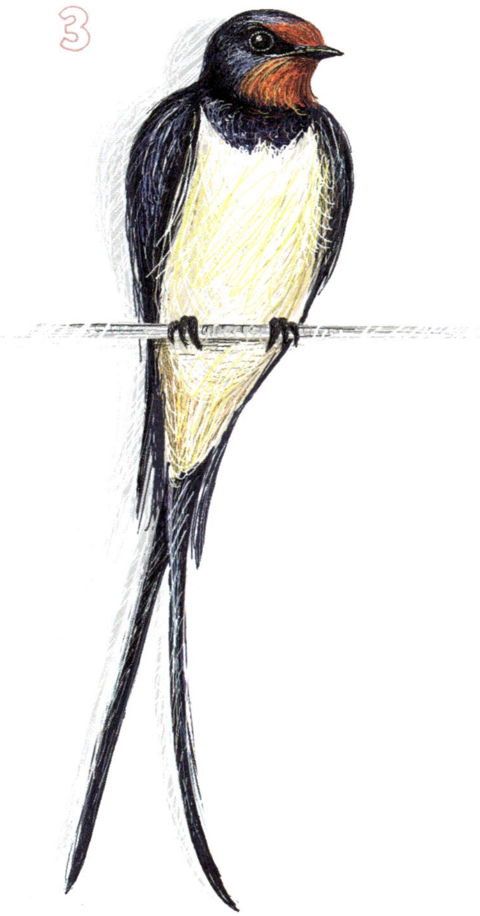
3

4

Les mammifères

1. Blaireau d'Europe

C'est l'un des plus gros animaux de France et pourtant on ne le rencontre jamais ! Pourquoi ? Eh bien, parce qu'il vit caché dans un terrier sous terre toute la journée. Ensuite, lorsque la nuit tombe, il sort et se balade dans les forêts et les prairies. Il marche toujours au même endroit et crée ainsi des petits chemins qui se voient très bien à travers les champs. Il fait ses crottes dans un petit trou qu'il creuse avec ses pattes. Cela lui permet de signaler son territoire aux autres blaireaux. Il vit avec la blairelle dans un grand terrier. Leurs petits, les blaireautins, naissent chaque année avant de partir fonder leur propre famille.

2. Fouine

La fouine n'est pas très appréciée des humains parce qu'elle vit parfois dans leur grenier ou croque leurs poules ! Mais toutes les fouines ne mangent pas nos poules. Elles cherchent aussi des pigeons, des œufs d'oiseaux ou des souris, surtout si leurs petits ont faim. Ils sont cachés dans un nid, souvent installé dans le grenier d'une ferme ou d'une maison, y compris en ville. Parfois, les parades amoureuses des adultes ou les jeux des petits s'entendent dans toute la maison ! Si la présence d'une fouine au grenier est gênante, il est possible de lui offrir un abri à l'extérieur et de vivre à ses côtés, en paix !

3. Lapin de garenne

Tu n'es pas le seul à le trouver mignon à croquer : les renards ou les fouines aussi ! Il est aussi beaucoup chassé par les humain, qui le mangent. Ce lapin vit caché dans un terrier qu'il creuse avec ses pattes et ses griffes. Si l'on approche de lui, il court se réfugier à l'intérieur. Le reste du temps, il joue, se balade ou mange des herbes. Il est totalement végétarien et mange aussi ses crottes fraîches, ce qui lui permet de digérer deux fois mieux les végétaux !

1

2

3

Les amphibiens

Grenouille verte

Bien camouflées dans les herbes ou au milieu des plantes aquatiques, ces grandes grenouilles vertes pourraient passer inaperçues. Mais elles se font remarquer grâce à leurs sauts et leurs chants ! Elles bondissent lorsque l'on s'approche trop près, plongent dans l'eau et disparaissent ! Quant à leurs chants, ils sont parfois si assourdissants que certains humains s'en plaignent. C'est au moment des amours, au printemps, que les mâles chantent à tue-tête et tentent de séduire les femelles. Après la ponte, les jeunes têtards commenceront une nouvelle vie, sans pattes, en se tortillant.

Les insectes

Osmie cornue

Voici une petite abeille solitaire qui vit très souvent sur nos maisons, dans le trou d'un mur et d'une fenêtre. Toujours orienté vers le soleil, son nid abrite des petites larves blanches, bien cachées. Cette abeille ne vit pas en colonie et ne fabrique pas de miel. Elle installe son nid toute seule, après avoir passé un peu de temps avec un mâle. Elle virevolte entre mars et avril, puis les adultes meurent de vieillesse, et ce sont leurs descendants qui sortiront au printemps de l'année suivante.

Piéride du navet

À la fin de l'hiver, lorsqu'elle sort de sa chrysalide et se transforme en papillon, la piéride se remarque tout de suite. D'abord parce qu'elle est blanche, ensuite parce qu'elle fait partie des premiers papillons du printemps. Comme beaucoup de papillons, les piérides ne vivent pas longtemps, environ un mois. Avant de mourir, elles s'accouplent et pondent des œufs sur certaines plantes. Leurs larves, les chenilles, vivront plusieurs semaines cachées sur ces plantes. Parfois des choux, des navets ou d'autres légumes, voilà pourquoi ces papillons ne sont pas toujours appréciés des jardiniers !

Les insectes

1. Mouche de la Saint-Marc

En volant lentement, bas dans le ciel et avec de grandes pattes qui pendent, ces mouches se remarquent ! À la fin du mois de mars, les petits, les asticots, commencent à se transformer en mouches, après avoir été des larves dans le sol. C'est comme ça chez les mouches : les enfants ne ressemblent jamais aux parents ! Les asticots mangent des feuilles et des plantes mortes. Si on regarde les adultes de près, il est facile de faire la différence entre une femelle et un mâle car celui-ci a des yeux énormes sur toute la tête !

2. Cercope sanguinolent

Le cercope est-il plein de sang comme son nom voudrait nous le faire croire ? Non ! Cette couleur vive lui permet d'inquiéter les prédateurs qui se méfient du rouge. Ses petits, les larves, se cachent dans les herbes, dans une espèce de mousse qui fait penser à un crachat. Ils la fabriquent et se cachent à l'intérieur, bien à l'abri des curieux, surtout de ceux qui voudraient les manger !

3. Papillon belle dame

Ce papillon est l'un des plus répandus dans le monde. Sa très grande capacité de vol lui permet de voler très loin : certains sont capables de voler sur 5 000 kilomètres, de l'Afrique à l'Angleterre par exemple. Cela leur permet de changer de pays lorsque les conditions de vie ne sont plus bonnes pour eux. Après l'hiver, les papillons belle dame quittent l'Afrique, où ils sont nés. Ensuite, ce sont leurs enfants qui repartiront pour l'Afrique, chercher les plantes que leurs chenilles grignoteront.

1

2

3

Les arachnides

Faucheux

Comme sa cousine l'araignée, le faucheux (dont le nom savant est opilion) a 8 pattes ! Mais il est assez différent de l'araignée, dans son mode de vie et ses déplacements. On le rencontre souvent seul, se baladant ici et là. Certains faucheux préfèrent arpenter les herbes, et d'autres le sommet des arbres. Ils y trouvent divers aliments et mangent un peu de tout. On les observe surtout au printemps. On peut alors les faire grimper sur notre main pour mieux les observer !

Les mille-pattes

Lithobie à pinces

Parmi les mille-pattes, il y a les végétariens et les carnivores. La lithobie, elle, est carnivore ! Lorsqu'on soulève une pierre, on la voit parfois partir à grande vitesse. Avec ses 30 pattes, elle court très vite après ses proies préférées : araignées ou cloportes. Elle les mord avec des sortes de crochets à venin situés sous sa tête. Pour l'observer, il faut soulever délicatement une pierre ou du bois mort, avant qu'elle fuie la lumière à toute vitesse !

Les plantes

Muguet

Il est le symbole de la fête du travail, le 1er mai! Sous les arbres, au cœur des forêts, et parfois dans les jardins, les fleurs du muguet s'ouvrent en avril et mai, en très grandes quantités. Le muguet annonce l'arrivée du printemps et on dit qu'il porte bonheur. Pourtant, cette plante est très toxique. Mais son parfum et sa blancheur sont très appréciés.

Marronnier

Ses fleurs rassemblées en grandes grappes apportent de la couleur aux paysages du printemps, jusque dans les villes ! Blanches ou roses, elles se transformeront un jour en fruits, grâce aux insectes. À l'intérieur de ces fruits se trouvent les fameux marrons, ces grosses graines brillantes qui roulent au sol à la fin de l'été. Ces marrons ne sont pas comestibles (mais c'est le nom que l'on donne aussi aux très grosses châtaignes qui, elles, le sont). Les ancêtres de ces arbres poussaient en Grèce il y a bien longtemps, et beaucoup ont été plantés pour décorer les villes.

Les plantes

Primevères

Ce sont les premières fleurs qui poussent dès la sortie de l'hiver et au début du printemps. D'ailleurs, leur nom vient du mot latin *primus,* qui signifie « premier ». Les primevères font partie des rares fleurs sauvages que les humains laissent fleurir dans leurs jardins, même au milieu des pelouses ! Il existe différentes sortes de primevères, allant du jaune au rouge. L'une d'entre elles, la primevère officinale, servait autrefois à soigner différentes maladies.

Lilas

Ces petits arbres aux fleurs blanches ou mauves, originaires de l'Europe du Sud-Est, ont été introduits dans nos jardins au XVIe siècle. Depuis, le lilas incarne le printemps et la fraîcheur. Il a donné son nom à une couleur, et son odeur inspire de nombreux créateurs de parfums !

Fenouil sauvage

Il n'est pas rare de trouver du fenouil sauvage au bord des chemins. En le touchant, puis en sentant ses doigts, voire en le croquant, on se rend tout de suite compte que c'est bien du fenouil. Certains ne l'aiment pas, mais d'autres l'adorent. C'est aussi le cas de la chenille d'un grand papillon jaune et noir, le machaon. Elle ne mange que ça ou presque ! Sans son fenouil, elle ne peut survivre, voilà pourquoi les amis des papillons aiment bien cette plante !

Mes activités de printemps

CUISINER

SPAGHETTI AU FENOUIL SAUVAGE

Pour 4 personnes ; préparation : 10 minutes ; cuisson : 20 minutes

Il te faut :

- 500 g de spaghetti
- 1 boîte de tomates pelées
- 1 petit bouquet de fenouil sauvage, plutôt des jeunes pousses fraîches
- 1 oignon
- de l'huile d'olive
- sel, poivre

- Lave et coupe le fenouil en petits morceaux.
- Fais-le cuire dans de l'eau bouillante pendant 5 minutes.
- Dans une poêle, fais dorer l'oignon émincé dans l'huile d'olive.
- Ajoute les tomates et écrase-les légèrement. Verse 1/2 verre d'eau chaude. Laisse mijoter 5 minutes.
- Ajoute le fenouil, une pincée de sel, un peu de poivre. Mélange bien.
- Dans une casserole d'eau bouillante, cuis les spaghetti al dente.
- Lorsqu'ils sont cuits, ajoute ta sauce au fenouil !

CRÉER

LAND ART AVEC DES FLEURS DE PISSENLIT

Réalise des œuvres d'art éphémères avec ce que tu trouves dans ton jardin ou dans un parc (fleurs, feuilles, bracnhes, etc.)

JARDINER

SEMER DES HERBES FOLLES

Les hérissons, les oiseaux et les insectes adorent les herbes folles et les fleurs sauvages. Ils peuvent s'y cacher, trouver de la nourriture ou abriter leurs petits. Il suffit parfois de laisser un petit coin du jardin un peu tranquille et tous ces animaux iront s'y abriter !

L'ÉTÉ

Les oiseaux

1. Martinets noirs

Parmi les oiseaux que l'on voit souvent dans le ciel, il y a les hirondelles et les martinets. Ils sont faciles à reconnaître avec leur forme de virgule ou de boomerang ! De loin, on pourrait croire qu'ils sont pareils, pourtant ce sont des oiseaux assez différents. Pour les reconnaître, c'est facile : ceux qui sont tout noirs sont des martinets, et ceux qui ont le ventre blanc sont des hirondelles. Tous chassent des insectes en volant et en ouvrant le bec. Les martinets peuvent vivre et dormir dans le ciel, et les jeunes y vivent plus de deux ans sans jamais se poser. Se poser est plutôt réservé aux adultes, lorsqu'ils fabriquent le nid et pondent.

2. Goéland argenté

Ceci n'est pas une mouette ! Mais c'est quand même un cousin très proche. On reconnaît les goélands grâce à leur bec jaune, avec une tache rouge en dessous. À l'intérieur de cette famille, certains sont immenses, comme le goéland marin, qui peut chasser des souris ou des lapins. Le goéland argenté est l'un des plus communs autour de nous, et c'est lui que l'on entend au bord de la mer. Il mange un peu de tout et s'adapte bien à notre présence, allant jusqu'à vivre dans nos villes. En les observant mieux, on voit parfois leurs petits, gris-marron avec des taches.

3. Sterne pierregarin

Dans la famille des mouettes et des goélands, voici la sterne. Plus fine, plus discrète, elle longe les côtes de la mer ou des fleuves, toujours prête à plonger dans l'eau. Ce n'est pas pour se baigner, mais pour harponner un poisson avec son bec fin et pointu. Tombant du ciel à grande vitesse, elle le surprend et il n'a pas le temps de fuir. C'est un spectacle que l'on peut observer au-dessus de la mer, lorsqu'on est sur la plage. Parfois, on entend aussi son cri un peu strident !

4. Pic-vert

Parmi les différents pics qui vivent en France, voici le vert ! C'est le pic qui s'aventure le plus facilement dans nos jardins ou parcs. Il se remarque surtout lorsqu'il est au sol en train de manger des insectes, en particulier des fourmis. Mais dès qu'il nous voit, il s'envole d'un seul coup en criant des sons répétés et forts : « kiak kiak kiak… » ! Il s'envole alors dans les airs et se pose en hauteur, à l'abri. Il lui faut, en effet, toujours des arbres à proximité. Il y cache son nid, dans un trou qu'il creuse avec son bec. Parfois, lorsqu'il manque de nourriture en hiver, il lui arrive de manger les abeilles d'une ruche !

1
2
3
4

Les mammifères

1. Lièvre brun

S'il y a moins de lièvres qu'autrefois, on peut encore les surprendre au cœur de la campagne, loin des villes. Leurs immenses oreilles et leur course extrêmement rapide permettent de les reconnaître sans hésitation ! Pour les surprendre, il est conseillé de sortir des chemins et d'avancer dans les prairies ou les champs. Le lièvre ne se cache pas dans le sol, il ne fait pas de terrier comme son cousin le lapin de garenne. Il installe son gîte à même le sol et son pelage camouflage le rend presque invisible. Mais si l'on s'en approche trop, alors il détale d'un seul coup à la vitesse de l'éclair ! Ces grands végétariens ne sont cependant pas faciles à surprendre, y compris les femelles, que l'on appelle des hases.

2. Chamois

Impossible de le confondre avec un autre grand mammifère à cornes ! Tout d'abord ses petites cornes partent droit vers le ciel, puis se recourbent comme des crochets. Ensuite, on peut remarquer qu'il porte une espèce de bandeau noir sur les yeux. Enfin, il ne vit que dans les montagnes. Pour le rencontrer, il est conseillé de randonner, voire de s'aventurer un peu loin et haut. Parfois, il faut même des jumelles pour l'observer car il n'aime pas trop que l'on s'approche. Avec ses sabots, il est capable de marcher et de courir sur des rochers très abrupts. Il vit environ 15 ans, broutant des végétaux à tous les étages de la montagne.

3. Marmotte

Tout le monde connaît la marmotte, pourtant il faut aller en montagne pour l'observer ! C'est son lieu de vie, peut-être parce que les humains l'ont trop chassée lorsqu'elle vivait en bas ? Dans les prairies, les marmottes creusent de profonds terriers, où elles se cachent et élèvent leurs petits. Elles y passent aussi tout l'hiver, au ralenti, dans une sorte de sommeil profond. Voilà pourquoi on dit parfois « dormir comme une marmotte » ! Mais elles ne dorment pas tout l'hiver : de temps en temps, elles se réveillent pour se réchauffer ou faire leurs besoins !

1

2

3

Les reptiles

Couleuvre à collier

A-t-elle vraiment un collier ? Oui ! Presque toutes ont des écailles de couleurs différentes qui forment un collier autour de leur cou. Ces couleuvres sont souvent dans l'eau, où elles chassent des grenouilles et des têtards, parfois des poissons. Sur terre, elles peuvent aussi s'attaquer à des mulots ou à des musaraignes. Leurs couleurs les rendent difficiles à remarquer, surtout lorsqu'elles rampent dans les herbes ou qu'elles nagent sous l'eau. Chez les couleuvres, les pupilles sont rondes, alors que celles des vipères sont comme des fentes en hauteur, comme chez les chats. À cause des vipères, les serpents sont mal aimés des humains, alors que presque tous sont inoffensifs, comme les couleuvres.

Lézard des murailles

La famille des lézards est assez grande, et il en existe de différentes couleurs et tailles. Mais les plus faciles à remarquer sont ceux qui vivent tout près des humains : les lézards des murailles. Leur culot n'a pas de limite puisqu'ils se déplacent directement sur les murs de nos maisons. Avec leurs petites griffes, ils s'accrochent au moindre mini trou et sont capables de courir ainsi après un insecte ou une araignée qu'ils croqueront. Attention à ne pas les attraper par la queue car elle se détache ! Le bout de queue continue alors à bouger tout seul, ce qui permet au lézard de faire diversion devant ses prédateurs, surtout des oiseaux ou des chats.

Les amphibiens

Rainette verte

Pour les spécialistes, ce n'est pas tout à fait une « grenouille ». C'est plus exactement une rainette, c'est-à-dire une proche cousine qui ne vit ni dans l'eau ni au sol. Elle vit en hauteur, dans les arbustes ou les buissons. Elle y grimpe avec ses pattes collantes et s'y cache avec sa couleur de feuille verte. Ensuite, elle attrape ses proies préférées : des insectes. Il est quasiment impossible de la voir, sauf en cherchant bien. En revanche, ses chants s'entendent facilement tant ils sont sonores. À la saison des amours, elle descend de son perchoir et va pondre dans l'eau des centaines d'œufs, parfois même un millier !

Les arachnides

Agélène à labyrinthe

Il y a beaucoup d'araignées différentes un peu partout autour de nous. Bien cachées et souvent discrètes, on ne les voit pas toutes. Certaines se remarquent plus que d'autres, c'est le cas de ces agélènes. Leurs grandes toiles en forme de nappes blanches se repèrent dans les jardins ou le long des chemins. Elles leur permettent de piéger des insectes. D'ailleurs, en s'approchant tout doucement d'une toile, et en regardant bien à l'intérieur, on peut voir l'araignée qui les y attend. Elle est immobile, tout au fond, à l'entrée du tunnel où elle se cache. Si un insecte tombe dans la toile, c'est alors qu'elle surgit soudainement et le mord avec ses crochets à venin ! Oui, les araignées mangent des insectes en grande quantité !

Les insectes

1. Guêpe commune

Cet insecte rayé est parmi les plus connus des humains ! Les guêpes installent parfois leur nid dans nos jardins et surtout viennent à notre table chercher de la nourriture. Un petit morceau de jambon permet en effet de nourrir leurs larves, cachées dans le nid. Parfois, elles se délectent d'un peu de confiture ou des fruits mûrs qui tombent par terre à la fin de l'été. Avant l'hiver, toutes les guêpes meurent, sauf les femelles, c'est-à-dire les reines. Elles iront se cacher seules dans un abri, pour tout l'hiver. Au printemps, chacune d'elles installera une nouvelle colonie, dans un nouveau nid.

2. Mante religieuse

Mais pourquoi la dit-on « religieuse » ? Eh bien parce qu'on pourrait croire qu'elle fait une prière avec ses pattes avant. Mais prie-t-elle ? Non ! Cachée dans les herbes, elle attend des insectes, qu'elle capture avec ces grandes pattes, d'un seul coup, même lorsqu'ils volent ! Sa couleur, vert ou marron, lui permet de ne pas se faire repérer par les oiseaux, qui seraient bien contents de manger un si grand insecte ! Oui, c'est bien l'un des plus grands insectes de France. De nombreuses légendes circulent à son sujet. On dit, par exemple, qu'elle indique le chemin aux enfants égarés, ou bien que croiser son regard porte bonheur…

3. Grande sauterelle verte

Au printemps, ce sont les jeunes que l'on croise dans les herbes, plus petites et sans ailes. En été, les adultes sont bien plus grands et volent avec leurs ailes. Lorsqu'on avance dans les herbes des prairies ou des jardins, il est facile de les remarquer. Leur taille et leur poids font bouger les herbes, surtout lorsqu'elles sautent ! Parfois, elles s'envolent loin de nous. Les femelles ont une sorte de grand sabre à l'arrière du corps. Ce n'est pas une arme, mais un instrument de ponte qui leur permet de placer leurs œufs dans le sol. Les mâles chantent assez fort, en frottant leurs ailes l'une contre l'autre.

4. Hanneton de la Saint-Jean

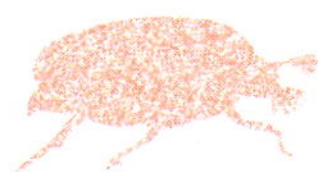

Il existent beaucoup de hannetons différents en France et dans le monde. En regardant le calendrier, on voit que la Saint-Jean se fête le 24 juin. C'est à cette période que les adultes apparaissent en sortant de terre, parfois en grand nombre. Leurs jeunes, des larves blanches à 6 pattes, y passent leur vie à grignoter des racines. Ensuite, ils se transforment en hannetons adultes, qui s'envolent à la recherche de feuilles à croquer. Autrefois, ils étaient très nombreux et mangeaient les récoltes, voilà pourquoi les humains ne les appréciaient pas beaucoup !

1

2

3

4

Les insectes

1. Libellule
Calopteryx virgo

Impossible de ne pas s'emerveiller devant cette libellule lorsqu'on la croise ! Ses couleurs brillantes et le mouvement de ses ailes attirent toujours notre regard. Les spécialistes des insectes les rangent dans le groupe des « demoiselles », les petites libellules fines et graciles. Les caloptéryx font partie des plus grandes demoiselles. Ici, c'est un mâle, avec ses reflets bleus. Les femelles, elles, sont vertes. Ces libellules préfèrent les eaux un peu sauvages, où pondre leurs œufs. Leurs jeunes vivent ensuite sous l'eau et chassent d'autres insectes aquatiques. Les parents, eux, chassent dans les airs. Leurs yeux sont énormes, sur presque toute la tête !

2. Mouche domestique

Les mouches domestiques sont les compagnes de presque tous les humains du monde ! Elles nous suivent dans tous nos déplacements : bateaux, avions, camions, etc. Ensuite, leur grande capacité d'adaptation leur permet de pondre des œufs sur beaucoup de déchets. Par exemple sur les crottes de poules, les cadavres d'animaux, des légumes pourris ou n'importe quelle nourriture qui traîne. Ensuite, leurs jeunes –les asticots– grandissent vite et se transforment en adultes dotés d'ailes. Ces mouches volent tout l'été, surtout à la campagne, et leur vrombissement berce parfois nos siestes…

3. Ver luisant

Il est très difficile de le repérer lorsqu'il fait jour, il est trop bien caché dans les herbes. Mais la nuit, en été, il apparaît comme par magie ! C'est la petite lumière jaune-verte qu'il émet qui se voit dans les herbes. Elle est fabriquée par son corps et lui permet de communiquer avec les autres vers luisants, même dans la nuit noire. Avec sa lumière, la femelle émet des clignotements que le mâle repère. Il existe différentes sortes de vers luisants, mais chacun a son clignotement. Lorsqu'on s'approche pour les observer avec une lampe, on est toujours surpris de voir que les vers luisants ne ressemblent pas du tout à ce que l'on imagine !

1

2

3

Les plantes

1. Prunes quetsches

Les prunes sont des fruits très appréciés des humains, qui les croquent directement ou en font des confitures et des sorbets. Voilà pourquoi, depuis bien longtemps, ils cultivent des arbres pruniers qui produisent de belles prunes. Le nom « quetsche » vient du mot allemand *Zwetsche* qui veut dire « prunier commun ».

1

2. Épilobe en épi

Au cœur de l'été, surtout lors des balades en montagne, on voit souvent ces fleurs rassemblées en groupes. Leur couleur rose attire le regard et décore les chemins. Les insectes aussi les repèrent et se posent sur elles, à la recherche de nectar. Une fois transformées en fruits grâce à ces insectes, les graines s'envolent, portées dans le vent par leur touffe de poils. Autrefois, ces plantes étaient utilisées par les humains pour soigner différentes maladies : en tisane, en mangeant leurs jeunes tiges, ou bien encore en étalant leur sève sur des blessures.

3. Fleur de carotte sauvage

On ne pense pas à la carotte en la voyant ! En réalité, elle ressemble aux ancêtres de la carotte que l'on plantait autrefois dans les jardins. Mais, au fil du temps, seules les carottes qui possédaient de grosses racines ont été cultivées. Car les carottes sont bien des racines ! Les insectes apprécient beaucoup les fleurs de carottes sur lesquelles ils dégustent du nectar. Voilà pourquoi les humains qui aiment bien les insectes ne coupent pas les carottes ni les autres fleurs sauvages.

2

3

CUISINER

LE CAKE D'ÉTÉ AUX FANES DE RADIS

Il te faut :

- 150 g de farine
- 3 oeufs
- 1 sachet de levure chimique
- 15 cl de lait
- 20 cl d'huile d'olive
- 100 g d'allumettes de bacon
- des fanes de radis (bio)
- 100 g d'emmental râpé

- Préchauffe le four à 180 °C.
- Dans un saladier, bats les oeufs puis ajoute le lait, l'huile, la farine, la levure, l'emmental râpé er les allumettes de bacon.
- Coupe finement les fanes et ajoute-les à la préparation.
- Verse le mélange dans un moule à cake et enfourne environ 45 minutes.

CRÉER

LAND ART AVEC DU BLÉ

Utilise des épis de blé, ramassés après la moisson, pour créer des œuvres éphémères.

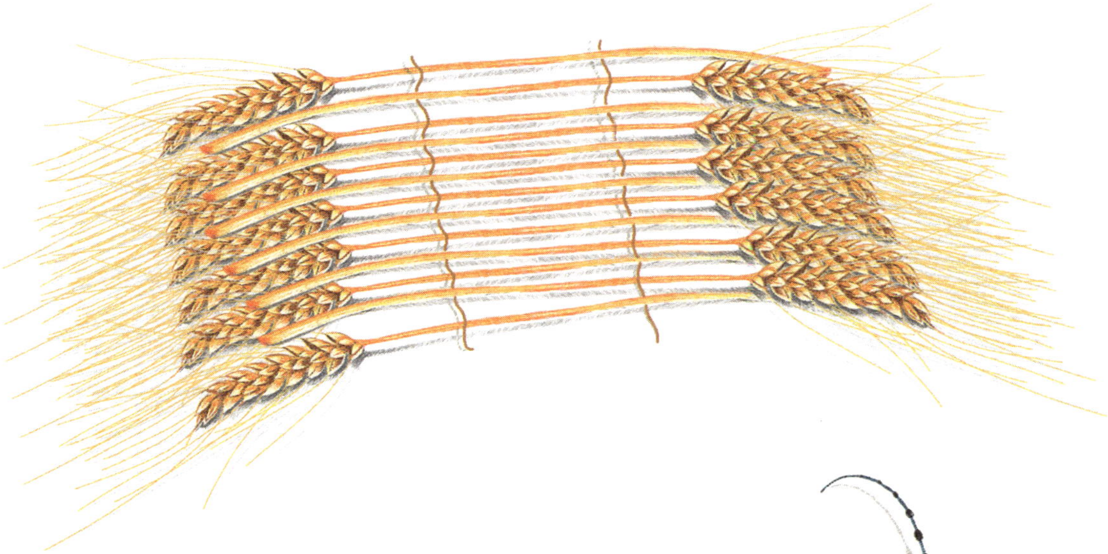

JE PARTICIPE

Je signale à l'Opie (Office pour les insectes et leur environnement) les insectes que je rencontre.

Rendez-vous sur le site www.insectes.org/opie

ÉCOUTER

LE BRAME DU CERF

À la fin du mois de septembre, je vais en forêt écouter le brame du cerf.

L'AUTOMNE

Les oiseaux

1. Rouge-gorge familier

Cet oiseau à gorge rouge s'approche souvent tout près de nous. On entend son chant au détour d'un jardin ou d'un chemin. Après avoir niché dans les bois au printemps, puis passé l'été un peu dans le silence, il se remet à chanter à l'automne ! Son chant, assez fort, lui permet d'informer les autres rouges-gorges qu'il est ici sur son territoire ! Parmi eux, certains sont migrateurs et viennent d'Europe du Nord chaque hiver.

2. Corneille noire

Dans la famille des corbeaux, voici la corneille ! Est-ce à cause de sa couleur que de nombreuses légendes circulent à son sujet ? Ou bien à cause de ses cris, des croassements ? Les corneilles font partie de nos plus fidèles compagnons de vie. Elles s'adaptent très bien à notre présence et trouvent leur nourriture à côté de nous, et de quoi installer leur nid. Leurs capacités d'adaptation ressemblent d'ailleurs beaucoup aux nôtres et c'est peut-être pour cela que les humains se méfient d'elles ! La corneille vit presque 20 ans, en couple, sur un territoire bien gardé.

3. Pie bavarde

Bavarde ? En effet, son chant et ses cris résonnent toute la journée autour de nous. On la dit aussi voleuse de bijoux... ce qui est faux ! La pie évite même d'attraper avec son bec des objets inconnus ! Comme la corneille noire, on l'a rangée dans la famille des corbeaux et elle s'adapte très bien à nos villes. Sa démarche sautillante, sa silhouette à longue queue et ses couleurs sont connues de tout le monde. On la pense noire et blanche, mais de près, on observe des reflets verts sur sa queue et bleus sur ses ailes. Dans le soleil, la pie est un oiseau coloré qui brille comme du métal !

4. Mouette rieuse

En été, au bord de la mer, on voit surtout ses cousins, les goélands et les sternes. Les mouettes rieuses, elles, vivent plutôt dans les terres et en ville. Elles cherchent de la nourriture le long des fleuves (y compris au bord de la Seine, à Paris), et dans les champs, où elles trouvent des insectes et des vers. On les voit parfois derrière les tracteurs qui labourent. Au printemps, lors de la saison des amours, les mâles ont la tête foncée. En automne et en hiver, ils ont la tête blanche avec des taches noires sur les côtés, comme s'ils portaient de petits écouteurs de musique !

1

2

3

4

Les mammifères

Écureuil roux

Il est à la fois agile dans les branches et rapide lorsqu'il court au sol ! Et comme il est craintif, il n'est jamais facile de pouvoir l'observer longtemps ! Ses griffes lui permettent de grimper à grande vitesse dans les arbres, son refuge préféré. Il y installe son nid, fait de petites branches, et dont la forme ressemble à une hotte de père Noël ! La femelle y élève les petits, et lorsque l'hiver est arrivé, mâles et femelles s'y abritent. Pendant toute leur vie, c'est-à-dire environ 7 ans, les écureuils vivent surtout dans les arbres, où ils trouvent leur nourriture : noisettes, noix, pignons de pin, mais aussi insectes, œufs ou jeunes oiseaux.

Cerf élaphe

Ce mammifère mâle est l'un des plus grands de France ! Il utilise ses grandes cornes (qu'on appelle des bois) notamment lors de combats contre d'autres mâles, à la fin de l'été ou au début de l'automne. Ils font les beaux et chantent fort (on dit qu'ils brament), et les femelles, les biches, choisissent celui qu'elles préfèrent ! Pour vivre en groupes familiaux, ces animaux ont besoin de très grandes forêts, voilà pourquoi on ne les rencontre pas partout. Les petits, les faons, naissent au printemps sous la surveillance très rapprochée de leur mère.

Les amphibiens

Salamandre tachetée

Sa forme, ses couleurs et sa lente démarche sont très étonnantes ! D'ailleurs, de très nombreuses croyances ont longtemps circulé à son sujet. On la disait capable de vivre dans le feu, ou même de l'éteindre ! Elle est ainsi devenue la créature du feu, en compagnie des sylphes, des elfes, des gnomes ou des nymphes. On la croyait même un peu dragon, capable de cracher des flammes ! Mais désormais les humains savent l'apprécier et essaient de lui proposer des lieux de vie adaptés.
Dès que l'hiver approche, elle choisit une cachette, comme une souche de bois humide, pour s'y mettre à l'abri.

Crapaud commun

C'est un animal inoffensif, mais parfois mal aimé ! Il a souvent été associé aux sorcières, peut-être à cause de ses boutons. Mais les légendes d'autrefois ne doivent pas nous empêcher d'observer cet habitant tranquille de nos campagnes. Il est lent, débonnaire, discret, mangeur d'insectes ou de limaces. De près, on peut remarquer la couleur dorée de ses yeux ! En automne, il part à la recherche d'un lieu où passer l'hiver tranquillement. C'est à ce moment qu'il traverse parfois les routes et risque de se faire écraser. On peut l' aider en le portant délicatement dans sa main, car, contrairement à un idée reçue, le crapaud ne donne pas de boutons !

Les insectes

1. Libellule Sympétrum

L'automne est le bon moment pour observer les libellules. Certaines partent loin d'ici, comme les oiseaux, pour échapper à l'hiver. On peut alors les voir voler en groupes, le long des côtes, par exemple. Avant cela, lorsqu'elles étaient jeunes, sans ailes et grises, elles ont passé un long moment sous l'eau. Puis, un jour d'été, elles sont sorties de l'eau et se sont transformées en adultes, rouges avec des ailes ! Qu'elles soient jeunes ou vieilles, les libellules sont des chasseuses d'insectes ou d'autres petites bêtes.

2. Coccinelles asiatiques

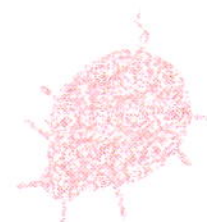

Il y a longtemps, nous avons fait venir d'Asie des coccinelles afin qu'elles mangent les pucerons qui nous embêtaient, ceux qui grignotaient nos légumes. Petit à petit, certaines d'entre elles se sont bien adaptées à la vie ici et se sont dispersées un peu partout. Elles sont à peu près de la même taille que les coccinelles à 7 points (et pas 7 ans !), mais elles n'ont pas toute la même couleur ni le même nombre de points. Parfois elles sont noires, rouges ou orange. Elles peuvent avoir de 0 à 19 points ! En automne, comme d'autres coccinelles, elles se rassemblent et cherchent un abri où passer tout l'hiver. C'est parfois notre maison !

3. Frelon d'Europe

Voici l'un des plus gros insectes de France ! Il ressemble à une guêpe commune, voilà pourquoi certains humains ont peur de lui. Pourtant il est inoffensif, ne s'approche pas de nous et nous laisse tranquille. Il faut éviter de s'approcher de son nid, protégé par des gardiennes, mais il est souvent très haut, dans le trou d'un arbre ou sous un toit. Les frelons sont des chasseurs d'insectes en tout genre. Ils les rapportent au nid et les mâchent avant de les proposer à leurs larves en petits steaks hachés d'insectes ! En les regardant de près, on peut voir leurs yeux en forme de haricot, et leurs couleurs rouge, noir et jaune de leur belle carapace.

1

2

3

Les vers

Ver de terre

Cet animal ressemble à un petit serpent gluant !

Presque tout le monde l'aime bien, surtout les enfants, qui jouent avec lui dans l'herbe. Ils le trouvent drôle quand il se tortille dans tous les sens et se glisse entre leurs doigts. Mais le plus souvent les vers vivent sous terre, complètement cachés. Seuls leurs tas de crottes sont parfois visibles dans l'herbe, surtout en automne. Ils mangent des feuilles et autres plantes mortes en creusant des tunnels. Leurs déjections sortent et forment des petits tas de terre humide çà et là. En creusant, ils labourent beaucoup le sol et le rendent bien vivant pour les plantations de nos champs et potagers !

Les arachnides

Argiope fasciée

Avec ses rayures, c'est presque la seule araignée que les humains trouvent jolie ! A-t-elle emprunté un déguisement de frelon ? Non, elle est née comme ça ! Cela lui permet de ne pas se faire manger par les oiseaux ou les lézards. Ils se méfient en effet de ses rayures qui leur rappellent celles d'une guêpe qui pique. L'argiope vit sur une immense toile qui lui sert de piège à insectes. En volant ou en sautant dedans, des insectes se font piéger et l'araignée court vite les immobiliser avec du venin et un fil de soie. Elle les déguste aussitôt, ou fait des réserves pour plus tard…

Tégénaire domestique

C'est l'une des plus grandes araignées de France et elle vit souvent… dans les maisons ! Elle y apprécie le climat abrité du vent et de la pluie. Elle rentre lorsqu'elle est petite et se cache dans un vieux meuble ou une bûche pour la cheminée. Ensuite, elle s'installe dans un coin isolé et fabrique une toile en entonnoir. Elle y attend les insectes ou les cloportes qui se baladent chez nous, puis les mange ! Au début de l'automne, les mâles sont adultes et sortent de leur toile à la recherche d'une femelle. C'est à ce moment qu'ils tombent parfois dans les éviers ou les baignoires, sans pouvoir en sortir. Il suffit de les capturer délicatement et de les mettre dehors ou de les laisser chez nous !

Les plantes

Églantier en fruits

Le cynorhodon est l'enveloppe du petit fruit de l'églantier, un rosier sauvage. Ce drôle de nom signifie « rose de chien » car les racines de l'églantier le soignaient, dit-on, la rage. Cette enveloppe est encore meilleure lorsqu'elle est bien mûre et, surtout, après les premières gelées des nuits d'automne. Douce et sucrée, sa saveur est très appréciée pour faire des confitures. Lorsqu'il n'est pas mûr, le cynorhodon est plein de poils. On l'appelle d'ailleurs « poil à gratter » !

Châtaignes

Ce sont des châtaignes qui sont utilisées pour fabriquer la crème de marrons ou accompagner la dinde de Noël. Car, en réalité, les marrons sont toxiques ! Les châtaignes sont toutes comestibles, y compris les petites que l'on trouve dans la forêt en automne. Recouvertes d'une enveloppe piquante (une bogue), elles ne sont pas toujours faciles à récolter. Grillées ou en compote, les châtaignes sont délicieuses. Autrefois, elles étaient beaucoup plus présentes dans notre alimentation et dans celle de nos animaux d'élevage, comme les cochons.

Noyer et noix

Les noix accompagnent souvent les plats, les salades, mais aussi les fromages ou les gâteaux. On fait même de l'huile de noix. Avec leur enveloppe, on fabrique aussi une teinture, le brou de noix, qui sert à teinter les meubles ou à faire de l'encre. Les noix mûrissent à la fin de l'été et au début de l'automne, et se conservent très longtemps. Cela fait bien longtemps que les humains plantent des noyers et récupèrent leurs fruits. Il faut attendre 10 ans avant qu'un noyer produise les premiers fruits. Ce qui est finalement assez rapide quand on pense qu'un noyer vit environ 300 ans !

Les plantes

Poirier

Les poires sont les fruits de l'automne les plus caractéristiques. Comme les pommes, elles sont originaires d'Asie et du Moyen-Orient. Il en existe désormais plus de 2 000 variétés. Les poires continuent de mûrir après la cueillette. Cela permet de pouvoir manger des poires d'automne… jusqu'en hiver. Il existe aussi des poires qui mûrissent en été et en hiver. Leurs fleurs sont visitées par les insectes butineurs qui les aident à se transformer en fruits.

Pommier

Il y a longtemps, les pommes étaient plus petites et moins sucrées, et ne poussaient qu'en Asie. Des pommiers ont été rapportés en Europe et sélectionnés pour faire de plus grosses pommes bien sucrées. Il existe désormais plus de 10 000 variétés de pommes créées par les humains ! Avant d'être un fruit, la pomme est une fleur. C'est grâce aux insectes qui la butinent qu'elle se transforme en fruit. Si on aime bien les pommes et les fruits, alors il faut respecter les insectes butineurs !

CUISINER

LA CRÈME DE MARRONS

Il te faut :

- 400 g de marrons cuits (châtaignes)
- 150 g de sucre roux
- 300 cl d'eau

- Mélange l'eau et le sucre dans une casserole et fais bouillir.
- Ajoute les marrons et fais-les cuire à feu doux, avec un couvercle, pendant 30 minutes.
- Transvase ce mélange encore chaud dans un blender avec la moitié de l'eau de cuisson et mixe finement.
- Si tu aimes, tu peux ajouter 1 cuillère à café d'extrait naturel de vanille liquide dans la casserole.

CRÉER

LAND ART AVEC DES POMMES DE PIN, DES CHÂTAIGNES ET DES MARRONS

Réalise des œuvres d'art avec ce que tu trouves dans la nature.
En automne : pommes de pin, baies, feuilles, etc.

JE PARTICIPE

J'aide les crapauds
à traverser les routes
lors de leur migration !

L'HIVER

les oiseaux

1. Sarcelle d'hiver

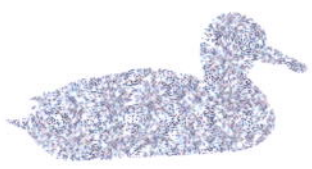

Ce canard porte bien son nom : on le voit surtout en hiver ! Il quitte les pays du Nord lorsqu'il y a trop de neige ou de glace qui cache sa nourriture : des graines, des herbes d'eau ou des insectes. C'est alors qu'il vient en France. On repère les mâles grâce au masque vert sur leur tête. Ces sarcelles sont les plus petits de tous les canards. Pour les rencontrer, il faut généralement sortir dehors lorsqu'il fait très froid. Elles se posent sur les étangs de nos régions.

2. Grive musicienne

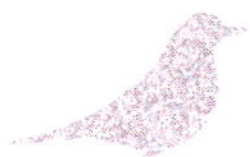

C'est une véritable musicienne ! Son chant est très varié, puissant et mélodieux. Elle fait la joie de tous ceux qui aiment écouter les oiseaux, dans les grands jardins ou les bois. Les grives y trouvent le calme nécessaire à l'installation de leur nid. Aux alentours, elles attrapent avec leur bec les petits animaux qu'elles mangent ou qui nourrissent leurs poussins : insectes, araignées ou escargots. Parfois, elles mangent aussi des petits fruits. Leur plumage les rend très discrètes : seuls les plus observateurs savent les repérer lorsqu'elles sont au sol ou sur des branches.

3. Vanneau huppé

En voilà une jolie huppe ! On peut aussi dire « houppe » pour désigner cette touffe de plumes qui pointe en l'air. Ces oiseaux se rassemblent en groupes dans les champs ou les marais. Ils y recherchent des insectes, des araignées ou des vers. Et si un mille-pattes sort sa tête de la terre fraîchement labourée, il sera mangé aussi ! Au printemps, les œufs sont couvés par le mâle et la femelle, dans un nid placé au sol. Un simple petit trou creusé avec les pattes suffit. Les couleurs de leur plumage leur permettent de rester discrets, le temps que leurs petits sortent des œufs. De loin, ils semblent noirs, mais leurs couleurs vertes brillent sous les rayons du soleil. Pour les voir, il faut s'approcher !

1

2

3

les oiseaux

Grue cendrée

De loin, la grue cendrée ressemble à un grand héron gris. Mais elle est plus grande, a une tache rouge sur la tête et ne se rencontre qu'en hiver. C'est son sang que l'on voit à travers une peau très fine et sans plumes. En hiver, les grues traversent la France par dizaines de milliers et s'arrêtent parfois dans nos campagnes. Elles viennent du Nord de l'Europe, où elles ont pondu leurs petits, et sont en route pour l'Espagne ou l'Afrique du Nord. Elles parcourent parfois plus de 2 000 kilomètres, en planant sans se fatiguer, aidées par les vents chauds qui les portent. Sur leur chemin, elles s'arrêtent dans les champs et trouvent la nourriture qu'elles apprécient : des vers, des escargots ou des insectes.

Bernache cravant

Cette petite oie est une cousine de la grande oie grise au cou noir que l'on voit de plus en plus autour de nous : la bernache du Canada. Mais celle-ci est gris foncé et plus petite, de la taille d'un gros canard. Pour la voir, il est obligatoire d'aller au bord de la mer où ces oies se rassemblent en grand nombre, souvent à l'entrée des fleuves et rivières. Elles passent l'hiver en Bretagne, dans les pays de la Loire ou en Nouvelle-Aquitaine, après avoir voyagé depuis l'Europe du Nord. Elles mangent des algues, penchées en avant et les pattes dans l'eau salée. Même dans les autres pays qui les accueillent, comme la Sibérie, elles sont végétariennes et mangent des herbes ou des lichens.

Les mammifères

1. Lièvre variable

Ainsi vêtu de blanc, il est quasiment impossible de le voir sur la neige ! Seuls les bons observateurs peuvent le remarquer dans la montagne. Ce cousin du lapin porte bien son nom car sa couleur est variable. En effet, sa fourrure change de couleur avant l'hiver. Ses poils marron tombent à l'automne et sont remplacés par des poils blancs. Au bout d'un mois environ, le lièvre variable devient tout blanc et passe ainsi inaperçu lorsqu'il marche dans la neige des Alpes. Il existe d'autres animaux qui changent de couleur, comme l'hermine parfois, ou un oiseau, le lagopède alpin, tous les hivers !

2. Loir gris

Il arrive que ce petit mammifère s'installe dans nos maisons. Une fois au grenier, ses galopades se font parfois entendre toute la nuit, lorsqu'il court ou s'agite. Cependant, vers le mois d'octobre et jusqu'en avril, le loir devient totalement silencieux. Il se met à dormir très profondément, pendant tout l'hiver. On dit qu'il hiberne, un peu comme un ours. Et s'il ne s'installe pas dans une maison, il creuse un trou dans le sol, où il attend le printemps bien à l'abri. Il peut vivre presque 10 ans comme cela : actif au printemps et en été, puis inactif en automne et tout l'hiver.

3. Souris domestique

Depuis bien longtemps, la souris grise vit aux côtés des humains, au point de s'appeler « souris domestique » ! Cachée dans un coin de la maison, très discrète, elle profite de toute la nourriture qui traîne un peu partout, y compris dehors. En effet, elle sort parfois au printemps et en été, pour explorer les jardins et les champs. Elle rentre toujours quand l'hiver approche car elle craint le froid. Ses lointains ancêtres vivaient peut-être en Asie, mais elle nous accompagne depuis si longtemps qu'il est difficile de savoir exactement d'où elle vient.

1

2

3

Les mammifères

Bouquetin

Parmi les animaux des hautes montagnes, le bouquetin se reconnaît facilement, surtout le mâle ! Ses cornes sont immenses et mesurent parfois 1 mètre de longueur. Il s'en sert lors des combats qui lui permettent de séduire les femelles et d'affirmer sa puissance. Le bruit des cornes qui s'entrechoquent peut s'entendre de très loin. Les femelles ont des cornes plus petites et ressemblent beaucoup à leurs cousines chèvres qui vivent dans nos fermes. Mais ces chèvres sauvages ne vivent que sur les rochers et les hauteurs des montagnes, où elles broutent différentes plantes.

Les amphibiens

Triton palmé

Mi-dragon, mi-grenouille, mi-crapaud, mi-salamandre ou mi-lézard, il est difficile à reconnaître ! Les amis de la nature le rangent dans la famille des amphibiens, avec les grenouilles. Dommage que son ventre soit peu visible lorsque l'on se penche au-dessus de la mare où il vit. Il faudrait le retourner délicatement pour remarquer l'orange de son ventre et le bleu sur ses côtés. Ce sont les mâles qui ont ces couleurs qui leur permettent de séduire les femelles. Mais en hiver, quand il sort de l'eau, son corps est différent, avec une peau rugueuse et sans couleurs vives. Il se cache alors dans le sol ou sous du bois, et ne sort que la nuit.

Les insectes

1. Papillon citron

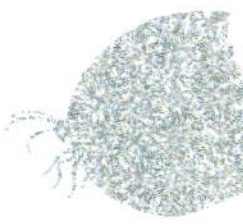

Il n'est pas facile à remarquer en hiver, sauf lorsqu'il y a du soleil et qu'il se met à voler. Le reste du temps, il est caché dans des feuilles, sans bouger. Ses couleurs, qui vont du jaune au vert clair, lui permettent de se cacher au milieu des feuilles. Il suffit parfois de fouiller doucement dans celles du lierre pour le découvrir immobile. Il passe ainsi tout l'hiver, à l'abri des intempéries. Dès les premiers jours chauds du printemps, il sort de sa cachette et part pondre ses œufs directement sur les plantes. En sortant de leurs œufs, les petites chenilles trouvent ainsi toute la nourriture qui leur convient.

2. Grosse reine de bourdon terrestre

Entre février et mars, il est très facile de voir une grosse reine bourdon voler au ras du sol. Sa taille et le bourdonnement de son vol sont impressionnants ! À cette époque, elle est à la recherche d'un nid où installer sa future famille. Elle aime bien les terriers abandonnés où elle construit son nid, avec des petites chambres d'enfants faites de cire. Puis elle part chercher sur les fleurs du nectar et du pollen pour nourrir sa colonie. Lorsque ses enfants sont grands, ils vont eux-mêmes chercher de la nourriture et leur mère reste au nid !

3. Mouche des greniers

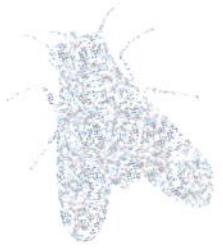

Lorsqu'on habite à la campagne, il n'est pas rare de trouver des centaines de mouches cachées dans son grenier. La mouche des greniers se reconnaît facilement avec sa fourrure dorée derrière la tête et ses taches noires et blanches. Bien à l'abri de la pluie, du froid et du vent, elle attend le printemps avant de sortir. Parfois elle se trompe de sortie et se retrouve contre une vitre. Sans pouvoir sortir, elle meurt de fatigue et de faim, et on retrouve des centaines de mouches mortes sur le sol de la maison !

4. Gendarmes

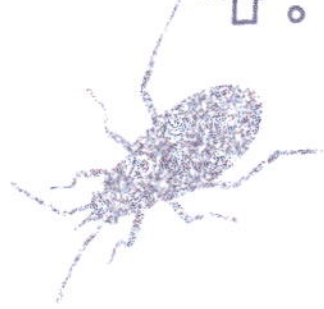

Pourquoi ces insectes s'appellent-ils des gendarmes ? Eh bien parce que le dessin noir et rouge de leur carapace ressemble à ceux des habits des gendarmes à l'époque de Napoléon ! Ils ne volent pas et se rassemblent, parfois par centaines, dans un endroit abrité où ils trouvent de la nourriture. En les observant de près, on peut aussi remarquer que le dessin sur leur dos représente une sorte de tête, ou plutôt un masque avec des grands yeux ronds. On voit souvent des gendarmes au pied des tilleuls, dont ils aiment aspirer les petits fruits tombés au sol.

1

2

4

3

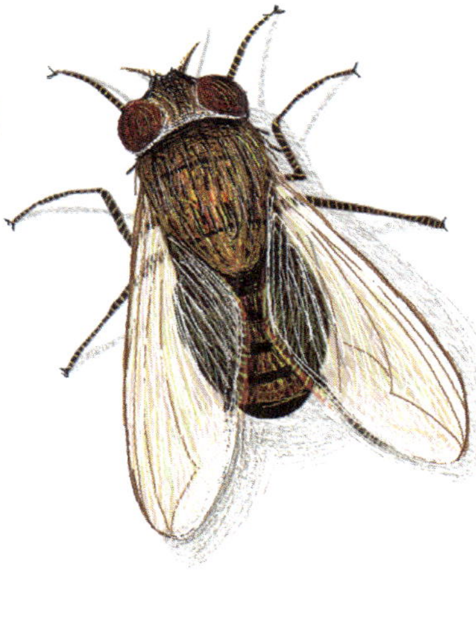

Les arachnides

Épeire diadème

Parmi les araignées qui fabriquent de grandes toiles avec leur fil de soie, cette épeire est l'une des championnes ! Ses toiles sont immenses et se remarquent facilement en été ou en automne. Ensuite, avant l'hiver, elle fabrique un cocon dans lequel elle déposera ses œufs. Bien cachés dans cet abri de soie, les œufs de l'épeire passeront tout l'hiver. Il suffit de chercher un peu dans les herbes sèches, contre un mur ou dans un arbuste pour découvrir cette enveloppe protectrice. Au printemps, les petites épeires en sortent et commencent leur vie d'araignée !

Les mollusques

Escargot de Bourgogne

Ce gros escargot passe tout l'hiver enfermé dans sa coquille. Mais avant cela, il s'enfonce doucement dans le sol en se frayant un passage dans la terre. Lorsqu'il est assez loin sous la terre, il fabrique avec sa bave une porte qui deviendra dure et fermera sa coquille. Une fois enfermé, il attend le printemps, bien à l'abri des intempéries. Voilà pourquoi il est difficile de voir ces grands escargots en hiver : ils sont tous bien cachés sous terre ! Il refera la même chose pendant plus de 7 hivers, car cet animal vit plus de 7 ans.

Les plantes

1. Lierre

Cette plante grimpe, grimpe… si haut parfois qu'elle peut recouvrir un mur ou un arbre ! Les humains s'en méfient un peu car ils pensent qu'elle peut tuer un arbre, mais elle s'y accroche seulement, sans le blesser. En hiver, les feuilles du lierre sont toujours vertes et ne tombent pas. Elles servent d'abri à de nombreux animaux, comme le papillon citron, qui y passe tout l'hiver sans bouger. À la fin de l'automne, les fleurs du lierre fournissent du nectar aux insectes, et pendant l'hiver, les fruits sont mangés par les petits oiseaux.

2. Houx

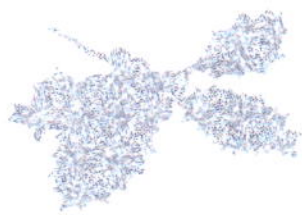

En hiver, cette plante est célèbre pour ses feuilles bien vertes et ses petits fruits rouges. Ils servent souvent de décoration sur les tables de Noël ! Les feuilles du houx ne tombent pas en hiver, voilà aussi pourquoi le houx est parfois planté autour des jardins, pour les décorer toute l'année. À l'intérieur du feuillage, se cachent parfois des nids d'oiseaux. Mais attention à ne pas s'approcher trop près car les feuilles du houx piquent ! Ses petits fruits rouges présents tout l'hiver permettent à des oiseaux de se nourrir. Les merles, par exemple, mangent et déplacent les fruits et les graines, ce qui permet au houx de repousser ailleurs, çà et là !

3. Sapin de Noël (épicéa)

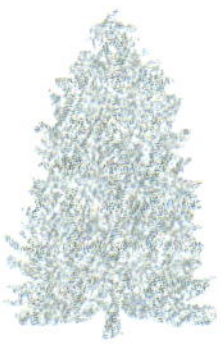

L'épicéa se reconnaît à ses cônes qui pendent. Ses aiguilles ne tombent pas en hiver, c'est pour cela qu'il est devenu le symbole de la renaissance… et de Noël. En effet, à l'origine, bien avant d'être une fête chrétienne, Noël était une fête qui célébrait la naissance du dieu Soleil, au moment du solstice d'hiver, vers le 21 décembre, lorsque les jours rallongent…

1
2
3

Mes activités d'hiver

CUISINER

LE SIROP D'ÉPICÉA

Ce sirop est délicieux pour accompagner des pâtisseries, un yaourt ou du fromage blanc. Et il te sera très utile en cas de mal de gorge !

Il te faut :

- ▷ environ 200 g de jeunes bourgeons d'épicéa (lavés et égouttés, à ne pas confondre avec l'if qui est toxique)
- ▷ de l'eau
- ▷ du sucre

- Fais cuire tes bourgeons dans 1 litre d'eau à feu doux (environ 1 heure).
- Laisse reposer jusqu'au lendemain.
- Filtre et écrase les bourgeons dans une passoire pour récupérer le jus.
- Ajoute la même quantité de sucre (200 g) et fais de nouveau cuire dans ta casserole jusqu'à ce que la préparation ait la consistance d'un sirop.
- Ajoute un peu de jus de citron dans le sirop et verse le tout encore chaud dans une bouteille de verre, propre et sèche.

Tu pourras le consommer dès qu'il aura refroidi et même plusieurs mois après sa fabrication.

OBSERVER LES QUADRANTIDES, LA PLUIE D'ÉTOILES FILANTES DE L'HIVER !

C'est l'une des pluies d'étoiles filantes les plus impressionnantes !
Ces « étoiles filantes » apparaissent dans la constellation du Bouvier qui faisait autrefois partie de la constellation du Quadrant. Ce phénomène se produit entre le 1er et le 6 janvier, avec un pic d'activité observé aux alentours du 3. Pour les observer au mieux, il faut regarder vers le nord-est, entre les constellations du Dragon, du Bouvier et de la Grande Ourse.

BRICOLER

L'ABRI À ABEILLES SOLITAIRES

Certaines abeilles sauvages, inoffensives et discrètes, aiment bien installer leur nid dans du bois. Cette installation te garantira de nombreuses observations étonnantes. Demande à un adulte de t'aider.

- Pour un nid durable, choisis une bûche en bois dur (chêne, frêne ou hêtre par exemple) de 20 ou 30 cm de diamètre.

- Sur un côté de la bûche, demande à l'adulte de percer des trous de 10 cm de profondeur, de diamètre variable (2, 6 et 10 mm) en les espaçant de 2 cm minimum. Qu'il perce au moins 5 trous de chaque diamètre.

Attention : chaque trou doit avoir un fond et ne doit donc pas transpercer la bûche.

- Enfin, sur ton balcon, un mur ou un piquet, fixe le nichoir en hauteur, à 30 ou 40 cm du sol, au sud-est, à l'abri des intempéries.

- Si le nichoir n'est pas assez à l'abri, tu peux ajouter un petit toit avec des éléments de récupération : tuile, zinc, plastique, etc.

L'index

MIXTE
Papier issu de sources responsables
FSC® C022030

92, avenue de France, 75013 Paris
ISBN : 978-2-09-278885-1
Loi n°49-956 du 16 juillet 1949
sur les publications destinées à la jeunesse,
modifiée par la loi n°2011-525 du 17 mai 2011.

Achevé d'imprimer en janvier 2021 par Clerc.
N° d'éditeur : 10270357 - Dépôt légal : août 2018.

Coucou gris

Grenouille verte

Lithobie à pinces

Grèbe huppé

Osmie cornue

Muguet

Tourterelle turque

Piéride du navet

Marronnier

Lapin de garenne

Mouche de la Saint-Marc

Primevères

Fouine

Papillon belle dame

Fenouil sauvage

Blaireau d'Europe

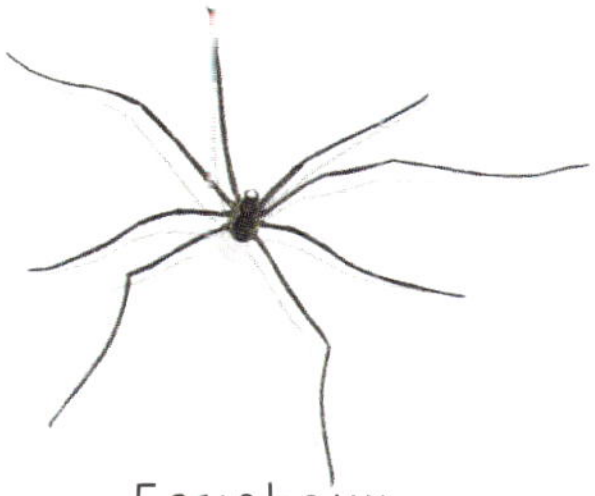

Faucheux

Lilas

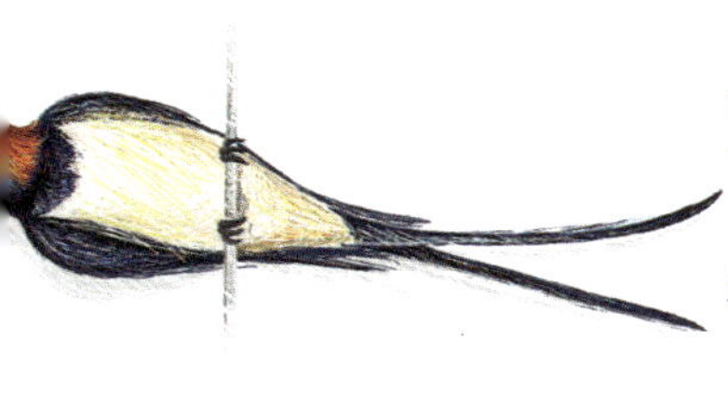

Hirondelle des cheminées

Cercope sanguinolent

LE PRINTEMPS	LE PRINTEMPS	LE PRINTEMPS
LE PRINTEMPS	LE PRINTEMPS	LE PRINTEMPS
LE PRINTEMPS	LE PRINTEMPS	LE PRINTEMPS
LE PRINTEMPS	LE PRINTEMPS	LE PRINTEMPS
LE PRINTEMPS	LE PRINTEMPS	LE PRINTEMPS
LE PRINTEMPS	LE PRINTEMPS	LE PRINTEMPS
LE PRINTEMPS	LE PRINTEMPS	LE PRINTEMPS

Martinets noirs

Lézard des murailles

Guêpe commune

Goéland argenté

Mouche domestique

Mante religieuse

Sterne pierregarin

Couleuvre à collier

Grande sauterelle verte

Pic-vert

Rainette verte

Libellule Calopteryx virgo

Lièvre brun

Hanneton de la Saint-Jean

Prunes quetsches

Chamois

Ver luisant

Épilobe en épi

Marmotte

Agélène à labyrinthe

Fleur de carotte sauvage

L'ÉTÉ
L'ÉTÉ
L'ÉTÉ
L'ÉTÉ
L'ÉTÉ
L'ÉTÉ
L'ÉTÉ
L'ÉTÉ
L'ÉTÉ
L'ÉTÉ
L'ÉTÉ
L'ÉTÉ
L'ÉTÉ
L'ÉTÉ
L'ÉTÉ
L'ÉTÉ
L'ÉTÉ
L'ÉTÉ
L'ÉTÉ
L'ÉTÉ
L'ÉTÉ

Rouge-gorge familier

Crapaud commun

Églantier en fruits

Corneille noire

Libellule Sympétrum

Châtaignes

Pie bavarde

Coccinelles asiatiques

Noyer

Mouette rieuse

Frelon d'Europe

Poirier

Salamandre tachetée

Tégénaire domestique

Pommier

Écureuil roux

Argiope fasciée

Cerf élaphe

Ver de terre

L'AUTOMNE

L'AUTOMNE
L'AUTOMNE
L'AUTOMNE
L'AUTOMNE
L'AUTOMNE
L'AUTOMNE
L'AUTOMNE
L'AUTOMNE
L'AUTOMNE
L'AUTOMNE
L'AUTOMNE
L'AUTOMNE
L'AUTOMNE
L'AUTOMNE
L'AUTOMNE
L'AUTOMNE
L'AUTOMNE
L'AUTOMNE
L'AUTOMNE
L'AUTOMNE

Sarcelle d'hiver

Bouquetin

Gendarmes

Bernache cravant

Souris domestique

Épeire diadème

Grive musicienne

Triton palmé

Escargot de Bourgogne

Vanneau huppé

Papillon citron

Lierre

Lièvre variable

Grosse reine de bourdon terrestre

Houx

Loir gris

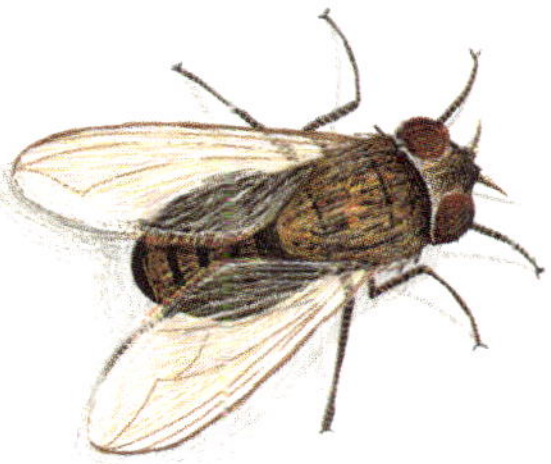

Mouche des greniers

Sapin de Noël (épicéa)

Grue cendrée

L'HIVER

L'HIVER L'HIVER
L'HIVER L'HIVER L'HIVER
L'HIVER L'HIVER L'HIVER
L'HIVER L'HIVER L'HIVER
L'HIVER L'HIVER L'HIVER
L'HIVER L'HIVER L'HIVER
L'HIVER L'HIVER L'HIVER